Délices

à offrir et à croquer

Texte d'Elizabeth MacLeod
Illustrations de June Bradford

Texte français d'Isabelle Allard

Les éditions Scholastic

Pour mes beaux-parents, George et Helen Wilson,
avec toute mon affection.

Données de catalogage avant publication
de la Bibliothèque nationale du Canada

MacLeod, Elizabeth
  Délices à offrir et à croquer

(Artisanat)
Traduction de: Gifts to make and eat.
ISBN 0-439-98668-0

1. Cuisine – Ouvrages pour la jeunesse. 2. Cadeaux – Ouvrages
pour la jeunesse. 3. Cadeaux – Emballage – Ouvrages pour la
jeunesse.

I. Bradford, June. II. Allard, Isabelle. III. Titre. IV. Collection.

TX652.5.M24614 2001   j641.5'123   C2001-930493-5

Coordination graphique de Karen Powers

Photographies de Frank Baldassarra

Édition publiée par Les éditions Scholastic,
175 Hillmount Road, Markham (Ontario) L6C 1Z7,
avec la permission de Kids Can Press Ltd.

5 4 3 2 1 Imprimé à Hong-Kong 01 02 03 04 05

Table des matières

Introduction

*Tu aimerais offrir un cadeau, mais tu es
à court d'idées… et d'argent? Ce livre est
rempli de suggestions de cadeaux faciles
à faire, peu coûteux et délicieux.*

*Tu trouveras sûrement le présent idéal dans
ces pages, que ce soit à l'intention d'un ami qui
a un faible pour les sucreries, d'une cuisinière
hors pair, d'un amateur de chocolat ou
d'un fervent de randonnées. En fabriquant
et en décorant un contenant réutilisable
ou en ajoutant une surprise supplémentaire,
tu offriras un cadeau unique que ton ami
appréciera longtemps après en avoir
savouré le contenu!*

COMBINAISONS GAGNANTES

Tu peux personnaliser tes cadeaux en
faisant des combinaisons. Offre, par
exemple, le mélange à biscuits éclair
(p. 18) et le mélange à muffins (p. 28) à
quelqu'un qui aime les pâtisseries. Tu peux
emballer ensemble les assaisonnements à
salade verte (p. 25) et le vinaigre aux
framboises (p. 31). Quelles autres
combinaisons pourrais-tu faire?

Il est aussi possible d'associer des recettes à
des types d'emballage. Pourquoi ne pas
mettre le mélange à muffins (p. 28) dans
un sac en plastique refermable et le glisser
dans un cône de papier (p. 21)? Trouve des
contenants et décorations qui sauront
plaire à tes parents et amis et assure-toi de
choisir leurs couleurs préférées.

COMMENT MESURER LES INGRÉDIENTS

Les ingrédients secs et les liquides doivent
être mesurés dans des pots gradués
différents. Un pot gradué pour aliments
secs est pourvu d'un rebord plat
permettant d'égaliser les ingrédients à l'aide
d'un couteau pour obtenir une mesure
précise. Pour les liquides, on doit se servir
d'un pot-verseur gradué muni d'un bec.

NOUS AVONS UTILISÉ LES ABRÉVIATIONS SUIVANTES :

L   = litre

mL   = millilitre

g   = gramme

°C   = Celsius

cm   = centimètre

COMMENT FAIRE FONDRE LE CHOCOLAT

Comme le chocolat peut facilement brûler, demande à un adulte de t'aider à le faire fondre au micro-ondes ou au bain-marie. Réchauffe lentement le chocolat, juste assez pour qu'il fonde, en remuant souvent. Si tu te sers du micro-ondes, remue le chocolat au moins toutes les 30 secondes. Si tu utilises un bain-marie, réchauffe le chocolat à feu doux. Tu peux faire fondre du chocolat en pépites, en carrés ou en tablettes (brise-les en morceaux pour qu'elles fondent plus vite).

CUISSON

Place les biscuits, les muffins et les pains au centre du four pour les faire cuire. Comme le temps de cuisson peut varier d'un four à l'autre, vérifie si c'est prêt lorsque le temps de cuisson minimal suggéré s'est écoulé. Les biscuits sont prêts lorsqu'ils sont légèrement dorés et fermes au toucher. Les muffins sont cuits lorsque la pâte reprend sa forme, après l'avoir légèrement pressée au centre. Tu peux vérifier la cuisson d'un pain en y insérant un cure-dents (ou une sonde à gâteau) au centre. Rien n'y colle lorsque le pain est cuit. Si la cuisson n'est pas terminée, vérifie de nouveau après quelques minutes (sers-toi d'une minuterie pour ne pas oublier).

COMMENT FAIRE RÔTIR LES NOIX

Préchauffe le four à 150 °C. Étale les noix sur une plaque à pâtisserie et mets-la au four pendant 2 minutes. À l'aide de gants de cuisine, retire la plaque du four, remue les noix, puis remets la plaque au four pendant 1 minute. Refais cette opération jusqu'à ce que les noix soient légèrement dorées. S'il s'agit de noix de coco, ne la fais pas rôtir plus d'une minute à la fois.

> Sers-toi de gants de cuisine isolants pour manipuler les casseroles, les plaques à pâtisserie et les moules à gâteaux. Demande à un adulte de t'aider à mettre les plats au four et à les retirer.

> Assure-toi de ne pas donner un cadeau contenant des noix à quelqu'un qui y est allergique. N'oublie pas de nettoyer soigneusement les ustensiles et la surface de travail après avoir fait une recette contenant des noix.

Chocolat blanc aux amandes

Amandes croquantes et chocolat blanc velouté : une combinaison irrésistible!

IL TE FAUT :

750 g de chocolat blanc fondu (p. 5)

500 mL d'amandes entières
non mondées, rôties (p. 5)

Un bol à mélanger,
une cuillère de bois,
une plaque à pâtisserie recouverte
de papier ciré.

1 Dans le bol, mélange ensemble le chocolat et les amandes.

2 Verse le mélange sur le papier ciré. Étale-le de façon à ce que les amandes ne se touchent pas.

3 Mets au réfrigérateur pendant 1 heure, ou jusqu'à ce que le mélange ait durci. Brise-le en morceaux.

Se conserve jusqu'à deux semaines dans un contenant hermétique, placé dans un endroit sombre et frais ou au réfrigérateur.

Donne environ 875 g.

AUTRES IDÉES

♥ Verse du chocolat noir ou du chocolat au lait fondu sur des friandises Reese's Pieces ou sur des cannes en sucre broyées.

EMBALLAGE

♥ Découpe un carré de feutre suffisamment grand pour recouvrir les côtés d'un contenant de margarine. Étends une mince couche de colle blanche sur les côtés du contenant, puis dépose-le sur le carré de feutre que tu mouleras bien autour. Fais tenir le tout à l'aide d'un élastique. Découpe un ruban assez long pour faire le tour du contenant. Enduis-le de colle sur son côté mat et enroule-le autour de l'élastique. Fais-le tenir en place à l'aide d'un autre élastique jusqu'à ce que la colle soit sèche.

Rochers aux noix

Cette délicieuse friandise est vraiment facile à faire.

IL TE FAUT :

225 g de chocolat au lait fondu (p. 5)

250 mL de noix hachées, rôties (p. 5)

250 mL de noix de coco râpée, rôtie (p. 5)

Une cuillère en bois,
une petite cuillère,
deux plaques à pâtisserie
recouvertes de papier ciré,
une trentaine de moules en papier.

1 Laisse refroidir le chocolat fondu pendant environ 10 minutes.

2 Mélange les noix et la noix de coco avec le chocolat.

3 À l'aide d'une petite cuillère, dépose des cuillerées du mélange sur le papier ciré.

4 Place au réfrigérateur pendant 2 heures ou jusqu'à ce que le mélange ait durci. Dépose chaque bouchée dans un moule.

Se conservent pendant un mois dans un contenant hermétique placé au réfrigérateur, et jusqu'à deux mois au congélateur.

Donne environ 36 rochers.

EMBALLAGE

♥ Peins l'intérieur et l'extérieur d'une boîte à œufs (en carton et non en styromousse). Lorsque la peinture est sèche, ajoute des dessins ou des inscriptions sur le dessus. Dépose un rocher (avec son moule) dans chaque alvéole.

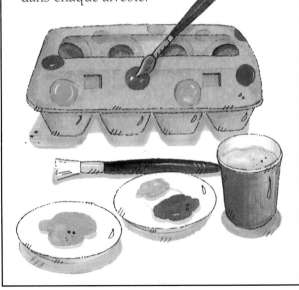

Souris en chocolat

Des truffes aussi exquises que jolies!

IL TE FAUT :

4 carrés de 28 g de chocolat semi-sucré
fondu (p. 5)

75 mL de crème sure

300 mL de gaufrettes au chocolat finement
émiettées (environ 30 gaufrettes)

24 billes argentées (petites boules
de sucre comestibles)

24 amandes effilées

12 bouts de réglisse noire en ficelle

Un grand bol à mélanger,
une fourchette,
des pots gradués et des cuillères,
de la pellicule plastique,
une petite assiette,
un plateau recouvert de papier ciré.

1 Mélange le chocolat et la crème sure à la fourchette, dans le bol.

2 Ajoute 250 mL de gaufrettes émiettées et mélange bien.

3 Couvre le bol de pellicule plastique et mets-le au réfrigérateur pendant une heure (ou jusqu'à ce que le mélange soit ferme).

4 Étale le reste des gaufrettes émiettées dans l'assiette.

5 Prends environ 15 mL du mélange chocolaté et façonne une boule entre tes doigts. Pince une extrémité pour former le museau de la souris.

6 Roule cette boule dans l'assiette pour l'enrober de miettes. Dépose-la sur le plateau.

7 Refais les étapes 5 et 6 avec le reste du mélange.

8 Décore chaque souris en ajoutant deux billes argentées pour les yeux, deux amandes pour les oreilles et un bout de réglisse pour la queue.

9 Mets les souris au réfrigérateur pendant au moins 2 heures (ou jusqu'à ce qu'elles soient fermes).

Se conservent jusqu'à une semaine dans un contenant hermétique placé au réfrigérateur.
Donne une douzaine de truffes.

AUTRES IDÉES

♥ Fais des souris blanches en les roulant dans 50 mL de sucre à glacer. Utilise des billes dorées ou de petits bonbons rouges pour les yeux, et de la réglisse rouge pour la queue.

♥ Façonne d'autres formes avec le mélange au chocolat : des poissons, des chats, des oiseaux. Tu peux aussi faire des étoiles, des cœurs ou des losanges. Décore les truffes avec des friandises de couleurs et de formes variées.

EMBALLAGE

♥ Recouvre une boîte et son couvercle avec du papier coloré.

1. Découpe une feuille de papier légèrement plus grande que le couvercle (environ 2 cm de plus de chaque côté). Colle le couvercle au centre de la feuille.

2. Replie le papier et colle-le sur les côtés du couvercle en découpant les coins et en repliant l'excédent à l'intérieur. Refais l'étape 1 et 2 avec la boîte, en t'assurant que la feuille de papier est assez grande pour en recouvrir les côtés.

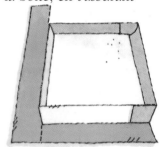

♥ Tu peux découper la forme d'un chat ou d'une souris dans du papier de construction et la coller sur le couvercle. Tapisse le fond de la boîte avec une serviette de table ou de la paille artificielle colorée sur laquelle tu déposeras les souris.

Régal granola

*Les amateurs de collations santé
raffoleront de ce goûter.*

IL TE FAUT :

1 L de flocons d'avoine à cuisson rapide
(pas instantanée)

250 mL de noix de coco râpée

250 mL de pacanes, hachées

50 mL de son d'avoine

10 mL de cannelle moulue

1 mL de muscade moulue

1 pincée de sel

125 mL de miel liquide

50 mL d'huile végétale

5 mL de vanille

175 mL de raisins secs

Un grand bol à mélanger,
une cuillère en bois,
une casserole moyenne,
deux plaques à pâtisserie
légèrement huilées.

1 Préchauffe le four à 160 °C.

2 Mélange dans le bol les flocons d'avoine, la noix de coco, les pacanes, le son d'avoine, la cannelle, la muscade et le sel.

3 Verse le miel et l'huile dans la casserole et fais cuire à feu doux en remuant de temps en temps. Quand le liquide mijote, retire du feu et ajoute la vanille.

4 Verse le liquide sur les ingrédients secs et remue bien.

5 Étends ce mélange sur les plaques à pâtisserie. Fais cuire pendant 15 à 20 minutes, jusqu'à ce que ce soit doré.

6 Laisse refroidir pendant 30 minutes. Pendant ce temps, lave le bol et essuie-le.

7 Mets le granola dans le bol et ajoute les raisins secs en remuant.

Se conserve jusqu'à un mois dans un contenant hermétique.

Donne environ 1,6 L.

EMBALLAGE

♥ Mets le granola dans un sac en plastique refermable que tu glisseras dans un sac-cadeau décoré d'autocollants et de rubans.

Grignotines

*Offre ces amuse-gueule à quelqu'un
qui aime organiser des fêtes.*

IL TE FAUT :

125 mL de beurre ou de margarine

1,25 L de céréales de maïs et de blé
(en forme de carrés)

500 mL de céréales d'avoine
(en forme d'anneaux)

250 mL de bretzels

25 mL de sauce Worcestershire

20 mL de poudre d'ail

5 mL de sel de céleri

Un bol allant au micro-ondes ou une
petite casserole, une cuillère en bois,
un grand bol à mélanger, deux plaques
à pâtisserie légèrement huilées,
des essuie-tout.

1 Préchauffe le four à 120 °C.

2 Demande à un adulte de t'aider à
faire fondre le beurre au micro-ondes
ou dans une casserole à feu doux. Remue
toutes les 20 secondes.

3 Mélange les céréales et les bretzels
dans le bol. Ajoute les autres
ingrédients et remue bien.

4 Étends le mélange sur les plaques à
pâtisserie et fais cuire pendant
45 minutes (ou jusqu'à ce que ce soit
légèrement doré), en remuant toutes les
15 minutes.

5 À l'aide de la cuillère, dépose le
mélange sur des essuie-tout et laisse
refroidir.

Se conserve jusqu'à deux semaines dans un
contenant hermétique.

Donne environ 2 L.

EMBALLAGE

♥ Verse les grignotines dans un sac en
plastique refermable. Découpe un rectangle
de feutre légèrement plus grand que le sac,
puis découpe un autre rectangle de la
même taille. Couds ou colle trois côtés des
rectangles ensemble.

Fais 8 entailles à
intervalles réguliers
près de l'ouverture.
Fais-y passer un
ruban, dépose le sac
en plastique dans
l'enveloppe de
feutre et ferme le
tout en nouant le
ruban.

Mélange montagnard

Les amateurs de randonnée et de ski de fond adoreront ce mélange maison.

IL TE FAUT :

250 mL de graines de tournesol rôties
non salées

250 mL de raisins secs

125 mL de gros morceaux d'ananas séché

125 mL de tranches de banane séchée

125 mL d'amandes rôties
non salées

125 mL de noix de cajou rôties
non salées

125 mL d'arachides rôties
non salées

Un grand bol à mélanger,
une cuillère en bois.

1 Mélange tous les ingrédients ensemble dans le bol.

Se conserve jusqu'à trois semaines dans un contenant hermétique.
Donne 1,125 L.

AUTRES IDÉES

♥ Donne une touche personnelle à ton mélange en y mettant les noix et fruits séchés préférés de ton ami (papayes, canneberges, abricots, noix de coco en flocons, graines de citrouille).

EMBALLAGE

♥ Colle du papier cannelé, du papier d'emballage ou du papier peint autour d'une boîte de fer-blanc ou de carton. Colle un cercle fait du même papier sur le couvercle ou décore-le avec un autocollant. Colle du ruban autour de la boîte, en haut et en bas. Verse une partie du mélange dans un sac de plastique, ferme-le bien et dépose-le dans la boîte.

Noix sucrées et épicées

*Cette gâterie bonne à croquer
est un cadeau idéal à offrir lorsqu'on
est invité à souper.*

IL TE FAUT :

75 mL de sucre blanc

50 mL de beurre

50 mL de jus d'orange

5 mL de sel

5 mL de cannelle moulue

1 mL de cayenne

1 L de noix mélangées, non salées

Une grande casserole, une cuillère
en bois, une plaque à pâtisserie
recouverte de papier d'aluminium,
du papier d'aluminium, une fourchette.

1 Préchauffe le four à 140 °C.

2 Mets le sucre, le beurre, le jus d'orange, le sel, la cannelle et la cayenne dans la casserole. Fais chauffer à feu doux en remuant jusqu'à ce que le sucre se soit dissous.

3 Augmente la chaleur à feu modéré. Ajoute les noix et remue jusqu'à ce qu'elles soient bien enrobées.

4 Étends les noix sur la plaque à pâtisserie et mets-les au four pendant 90 minutes en remuant toutes les 15 minutes.

5 Étale les noix sur du papier d'aluminium et sépare-les avec une fourchette. Laisse refroidir.

Se conservent jusqu'à deux semaines dans un contenant hermétique.

Donne 1 L.

EMBALLAGE

♥ Place les noix sur un grand morceau de cellophane et ferme le tout à l'aide d'un ruban. Dépose le paquet dans un bol en plastique coloré. (Si tu préfères emballer les noix dans un sac en papier ou dans une boîte, mets-les d'abord dans un sac en plastique refermable.)

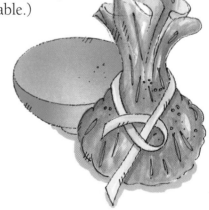

Biscuits au beurre d'arachide

Miam! Quelle bonne façon de souhaiter bon anniversaire à un ami!

IL TE FAUT :

250 mL de sucre blanc

250 mL de beurre d'arachide
(de type commercial, pas naturel)

1 œuf

Un grand bol à mélanger,
une cuillère en bois,
une plaque à pâtisserie
recouverte de papier d'aluminium,
une fourchette, une spatule,
une grille de refroidissement.

1 Préchauffe le four à 180 °C.

2 Bats le sucre et le beurre d'arachide jusqu'à l'obtention d'un mélange crémeux. Ajoute l'œuf et remue bien.

3 Façonne des boules de 2 cm de diamètre. Dépose-les sur la plaque à pâtisserie et aplatis-les à l'aide d'une fourchette. Fais cuire pendant 12 à 15 minutes, ou jusqu'à ce que les biscuits soient dorés.

4 Laisse refroidir pendant 5 minutes, puis, à l'aide de la spatule, place les biscuits sur la grille pour les laisser refroidir complètement.

Se conservent jusqu'à une semaine dans un contenant hermétique à la température de la pièce, et jusqu'à deux mois au congélateur. (Assure-toi que ton ami n'est pas allergique au beurre d'arachide.)

Donne environ 24 biscuits.

AUTRES IDÉES

♥ Ajoute 125 mL de pépites de chocolat à la pâte.

EMBALLAGE

♥ Décore une boîte de fer-blanc avec de la ficelle de couleur. Applique de la colle sur le quart inférieur de la boîte, et enroule la ficelle par-dessus. Continue jusqu'au haut de la boîte, un quart à la fois, en laissant un léger espace en haut pour que le couvercle ferme bien.

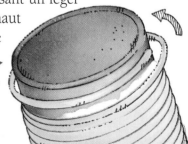

Sablés de la Saint-Valentin

Fais de la Saint-Valentin une journée spéciale en offrant ces biscuits aux gens qui te sont chers.

IL TE FAUT :

500 mL de beurre
(à la température de la pièce)

250 mL de cassonade, légèrement tassée

1 L de farine tout usage

Un grand bol à mélanger,
une cuillère en bois, du papier ciré,
un rouleau à pâtisserie,
des emporte-pièce en forme de cœur,
une spatule, une plaque à pâtisserie
recouverte de papier d'aluminium,
une grille de refroidissement.

1 Préchauffe le four à 150 °C.

2 Bats le beurre et la cassonade dans le bol jusqu'à l'obtention d'un mélange crémeux. Ajoute la farine et remue bien.

3 Place la pâte sur une feuille de papier ciré et abaisse-la avec le rouleau à pâtisserie à 5 mm d'épaisseur. Découpe des cœurs avec les emporte-pièce et dépose-les sur la plaque à pâtisserie avec la spatule.

4 Fais cuire pendant 12 à 15 minutes. Les biscuits devraient avoir une teinte très pâle.

5 Laisse refroidir pendant 5 minutes, puis, à l'aide de la spatule, dépose-les sur la grille pour les laisser refroidir complètement.

Se conservent jusqu'à une semaine dans un contenant hermétique à la température de la pièce, et jusqu'à deux mois au congélateur.

Donne environ 5 douzaines de biscuits.

EMBALLAGE

♥ Décore le couvercle d'une boîte avec des cœurs. Dispose les biscuits dans la boîte en séparant chaque couche par du papier ciré.

15

Bonshommes en pain d'épices

Les membres de ta famille seront enchantés par ces biscuits en personnages!

IL TE FAUT :

175 mL de beurre
(à la température de la pièce)

125 mL de cassonade légèrement tassée

1 œuf

175 mL de mélasse

750 mL de farine tout usage

10 mL de gingembre moulu

7 mL de cannelle moulue

2 mL de muscade moulue

1 mL de sel

Un grand bol à mélanger,
une cuillère en bois, du papier ciré,
un rouleau à pâtisserie, des emporte-pièce
en forme de personnages, une spatule,
deux plaques à pâtisserie recouvertes
de papier d'aluminium,
une grille de refroidissement.

1 Bats la cassonade et le beurre dans le bol jusqu'à ce qu'ils aient une consistance légère et crémeuse.

2 Ajoute l'œuf et la mélasse en remuant.

3 Ajoute le reste des ingrédients et remue bien.

4 Divise la pâte en deux boules. Enveloppe chacune dans du papier ciré et mets-les au réfrigérateur pendant 2 heures.

5 Préchauffe le four à 190 °C.

6 Déballe une des boules de pâte et abaisse-la sur le papier ciré avec le rouleau à pâtisserie jusqu'à ce qu'elle ait environ 5 mm d'épaisseur. Découpe des personnages avec les emporte-pièce. À l'aide de la spatule, dépose les biscuits sur une plaque à pâtisserie. Répète l'opération avec l'autre boule.

7 Fais cuire pendant 10 minutes, jusqu'à ce que les biscuits soient fermes. Laisse-les refroidir pendant 5 minutes, puis sers-toi de la spatule pour les placer sur la grille où tu les laisseras refroidir complètement.

8 Décore-les avec du glaçage, des bonbons et même du papier ou du feutre.

Se conservent jusqu'à une semaine dans un contenant hermétique à la température de la pièce et jusqu'à deux mois au congélateur.

Donne environ 24 biscuits.

♥ Décore l'arbre de Noël avec des bonshommes en pain d'épices. Perce un trou dans le haut des biscuits avant de les faire cuire. Accroche-les aux branches à l'aide d'un ruban.

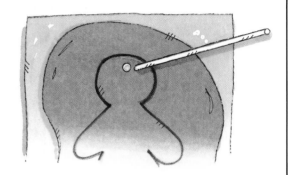

♥ Abaisse un grand rectangle de pâte et fais-le cuire. Quand il est refroidi, tu peux écrire un message dessus avec du glaçage.

AUTRES IDÉES

♥ Fabrique des étiquettes en pain d'épices. Découpe des étiquettes de formes variées dans la pâte abaissée et perce un trou près du bord avec une paille avant de les faire cuire. Écris un message sur l'étiquette avec du glaçage, puis attache-la au cadeau avec un bout de réglisse.

EMBALLAGE

♥ Décore un petit sac de cellophane transparent avec des autocollants ou d'autres ornements. Place un biscuit à l'intérieur et ferme le sac avec un ruban.

Mélange à biscuits éclair

Tu es pressé? Ce mélange est facile à préparer et peut servir à faire des biscuits de formes et de saveurs variées.

IL TE FAUT :

1 L de farine tout usage

1 L de sucre blanc

375 mL de lait en poudre

22 mL de poudre à pâte

5 mL de sel

Deux grands bols à mélanger, une fourchette, un tamis.

1 Mélange tous les ingrédients dans un des bols avec la fourchette.

2 Passe le mélange au tamis à deux reprises.

Se conserve jusqu'à un mois dans des contenants hermétiques à la température de la pièce.

Donne 2 L de mélange.

EMBALLAGE

♥ Décore un contenant avec des découpages. Mélange des quantités égales de colle blanche et d'eau et trempes-y des morceaux de papier découpé ou des découpures de magazines que tu appliqueras ensuite sur le contenant. Une fois sec, applique deux couches de vernis acrylique sur le tout et laisse sécher.

Offre le mélange à biscuits en l'accompagnant d'une des recettes suivantes (ou des trois) recopiée sur du papier de couleur.

Biscuits aux pépites de chocolat

1. Préchauffe le four à 180 °C.

2. Combine 500 mL du mélange à biscuits et 75 mL de beurre (ou de margarine) fondu. Ajoute 1 œuf légèrement battu et 10 mL de vanille en remuant. Incorpore 150 mL de pépites de chocolat. Mélange bien.

3. Façonne des boules de 2,5 cm entre tes mains légèrement enfarinées et dispose-les sur une plaque à pâtisserie légèrement huilée en laissant environ 5 cm d'intervalle entre chacune. Fais cuire pendant 8 à 10 minutes, jusqu'à l'obtention d'une teinte dorée. Retire immédiatement les biscuits de la plaque et dépose-les sur une grille de refroidissement.

Tu peux remplacer les pépites de chocolat par des raisins secs, des noix hachées ou de la noix de coco.

Donne environ 30 biscuits.

Barres aux flocons d'avoine

1. Préchauffe le four à 180 °C.

2. Combine 500 mL du mélange à biscuits, 375 mL de flocons d'avoine à cuisson rapide (pas instantanée) et 2 mL de cannelle moulue. Ajoute en remuant 1 œuf légèrement battu, puis 175 mL de beurre (ou de margarine) fondu. Ajoute 50 mL d'eau froide et 10 mL de vanille. Mélange bien.

3. Verse la pâte dans un moule à gâteau carré de 23 cm tapissé de papier d'aluminium. Fais cuire pendant 30 à 35 minutes, jusqu'à l'obtention d'une teinte dorée. Retire du four et dépose sur une grille de refroidissement. Lorsque c'est complètement refroidi, découpe en rectangles.

Donne environ 24 barres.

Carrés au chocolat

1. Préchauffe le four à 190 °C.

2. Combine 500 mL du mélange à biscuits et 1 œuf légèrement battu.

3. Incorpore 75 mL de beurre (ou de margarine) fondu en remuant. Ajoute 125 mL de pépites de chocolat, 125 mL de pacanes ou de noix hachées, 125 mL de cacao, 75 mL d'eau froide et 10 mL de vanille.

4. Verse la pâte dans un moule à gâteau carré de 20 cm tapissé de papier d'aluminium. Fais cuire pendant 25 minutes. C'est cuit quand la pâte reprend sa forme après une légère pression et que les côtés se détachent du moule. Retire du four et dépose sur une grille de refroidissement. Une fois refroidi, décore avec du glaçage si tu le désires, puis découpe en carrés.

Donne environ 16 carrés.

Potage à étages

*Une soupe nourrissante tout indiquée
pour les froides journées d'hiver.*

IL TE FAUT :

125 mL de pois cassés

125 mL de lentilles

125 mL d'orge perlé

125 mL de macaronis

25 mL de persil en flocons

25 mL d'oignon haché déshydraté

5 mL de thym séché

2 mL de poivre blanc

Un pot de verre muni d'un couvercle
qui ferme bien,
une cuillère à soupe.

1 Place la moitié des pois cassés au fond du pot.

2 À l'aide de la cuillère, ajoute soigneusement la moitié de l'orge perlé, puis la moitié des lentilles et enfin la moitié des macaronis. Décris un cercle avec le persil en suivant les contours du pot. Superpose le reste des 4 premiers ingrédients, puis ajoute l'oignon déshydraté en suivant les contours du pot.

3 Termine en saupoudrant le thym et le poivre sur le dessus.

Se conserve jusqu'à deux mois dans un contenant hermétique à la température de la pièce.

Donne 500 mL.

Copie ce mode d'emploi sur du papier coloré pour accompagner le mélange à soupe.

Combine ce mélange à 2 L de bouillon assaisonné ou d'eau dans une grande casserole épaisse. Porte à ébullition. Réduis la chaleur à feu doux, puis couvre la casserole et laisse mijoter pendant 45 à 50 minutes, jusqu'à ce que les pois soient tendres.

EMBALLAGE

♥ Peins le couvercle. Une fois sec, entoure-le d'un ruban dont tu croiseras les deux bouts. Fixe le ruban au pot à l'aide d'un autocollant. Si tu le désires, tu peux glisser des herbes séchées sous le ruban.

Soupe à l'oignon

Les amateurs d'oignon seront ravis de recevoir ce délicieux mélange.

IL TE FAUT :

175 mL d'oignon haché déshydraté

75 mL de bouillon de bœuf instantané

20 mL de poudre d'oignon

5 mL de thym séché

1 mL de graines de céleri

1 mL de sucre blanc

Un bol à mélanger de grandeur moyenne,
une fourchette.

1 À l'aide de la fourchette, mélange tous les ingrédients dans le bol.

Se conserve jusqu'à deux mois dans un contenant hermétique à la température de la pièce.
Donne 300 mL.

Copie ce mode d'emploi sur du papier coloré pour accompagner le mélange à soupe.

> Ajoute 250 mL d'eau à 50 mL de ce mélange dans une casserole. Réchauffe à feu modéré en remuant.

EMBALLAGE

♥ Forme un grand cône en enroulant du papier épais (du papier peint, par exemple) et fais tenir les côtés à l'aide de ruban adhésif à double face. Perce des trous dans le cône et le rabat comme dans l'illustration ci-dessous, puis passe un ruban dans les trous du cône. Mets le mélange à soupe dans un sac en plastique refermable et glisse-le dans le cône. Replie le rabat et ferme avec le ruban.

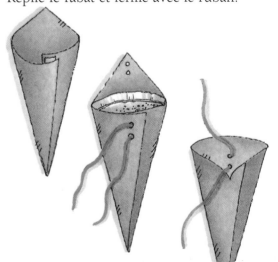

Fudge au caramel

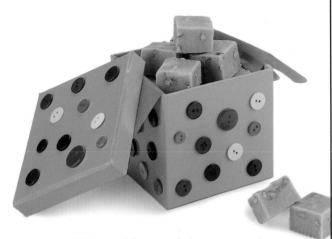

Offre ce délicieux fudge à un ami qui est friand de sucreries.

IL TE FAUT :

1 pot de 213 g
de crème de guimauve

1 boîte de 160 mL
de lait concentré

250 mL de sucre blanc

125 mL de beurre

2 mL de sel

1 paquet de 300 g de pépites de caramel

125 mL de pacanes hachées

5 mL de vanille

Une casserole épaisse,
une cuillère en bois,
un moule à gâteau carré de 20 cm tapissé
de papier d'aluminium.

1 Mélange la crème de guimauve, le lait, le sucre, le beurre et le sel dans la casserole.

2 Demande à un adulte de t'aider à amener le mélange à ébullition sur feu modéré, en remuant sans arrêt. Laisse bouillir pendant 5 minutes en continuant à remuer.

3 Retire du feu et ajoute les pépites de caramel écossais, les pacanes et la vanille. Remue jusqu'à ce que les pépites soient fondues.

4 Verse le fudge dans le moule. Place au réfrigérateur pendant 4 heures ou jusqu'à ce que le mélange ait durci.

Se conserve jusqu'à deux semaines au réfrigérateur, couvert d'une pellicule plastique ou d'un papier d'aluminium. (Le fudge se conservera mieux si tu le coupes juste avant de l'offrir. Retire-le alors du moule pour le découper en carrés.)

Donne environ 25 carrés.

EMBALLAGE

♥ Décore une boîte avec des boutons, des coquillages ou des perles que tu fixeras avec de la colle blanche ou un pistolet à colle. Assure-toi que la colle est bien sèche avant de manipuler la boîte.

Bouchées arc-en-ciel

Une gâterie multicolore!

IL TE FAUT :

675 g de chocolat blanc,
brisé en morceaux

1 boîte de 300 mL
de lait concentré sucré

1 pincée de sel

375 mL de jujubes miniatures,
multicolores (sauf noirs)

2 mL de vanille

Un grand bol allant au micro-ondes,
une cuillère en bois,
un moule à gâteau carré de 23 cm.

1 Mélange le chocolat, le lait et le sel dans le bol. Mets au micro-ondes à maximum pendant 3 à 5 minutes, en remuant toutes les 90 secondes, jusqu'à ce que le chocolat soit fondu. (Tu peux aussi le faire fondre au bain-marie sur feu doux, tel qu'expliqué à la page 5.)

2 Ajoute les jujubes et la vanille en remuant.

3 Verse le fondant dans le moule et mets au réfrigérateur pendant 2 heures (jusqu'à ce que le mélange ait durci).

Se conservent jusqu'à deux semaines au réfrigérateur, couvert de pellicule plastique ou de papier d'aluminium. (Le fondant se conservera mieux si tu le coupes à la dernière minute. Retire-le alors du moule pour le découper en carrés.)

Donne environ 25 carrés.

EMBALLAGE

♥ Découpe une cinquantaine de petits carrés de papier de soie. Applique de la colle à bricolage (de type Podgy) au pinceau sur une petite partie d'un contenant de plastique transparent et colles-y quelques carrés se chevauchant. Continue ainsi jusqu'à ce que tu aies recouvert le contenant, puis laisse-le sécher. Applique une autre couche de colle et laisse sécher.

*Tu trouveras sûrement parmi les recettes
suivantes un mélange qui plaira
aux personnes figurant sur ta liste.
(Il est préférable d'utiliser ces mélanges
dans les six mois suivant la préparation.)*

Mélange
à la cannelle

*À saupoudrer sur des rôties, des muffins
ou même sur du lait au chocolat chaud!*

IL TE FAUT :
250 mL de sucre blanc
15 mL de cannelle moulue

Mélange les ingrédients et mets-les dans
un contenant hermétique.

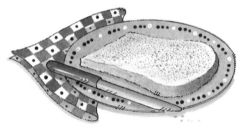

Assaisonnement
à l'italienne

*Délicieux avec la lasagne,
les cannellonis ou la pizza.*

IL TE FAUT :
25 mL de basilic
25 mL d'origan
15 mL de persil en flocons
15 mL d'ail haché déshydraté
5 mL de romarin
5 mL de thym
2 mL de paprika
2 mL de poivre noir moulu

Mélange les ingrédients et mets-les dans
un contenant hermétique.

Assaisonnement à salade verte

*Idéal pour un ami végétarien
ou un amateur de salades.*

IL TE FAUT :
50 mL de persil en flocons
25 mL de ciboulette hachée déshydratée
15 mL de thym
15 mL de basilic
10 mL d'aneth
5 mL d'estragon

Mélange tous les ingrédients et garde-les dans un contenant hermétique.

Assaisonnement à la mexicaine

*Parfait pour les amateurs
de cuisine mexicaine épicée.*

IL TE FAUT :
45 mL d'oignon haché déshydraté
22 mL de poudre chili
5 mL de sel
10 mL de fécule de maïs
10 mL de piments broyés
10 mL d'ail haché déshydraté
10 mL de cumin moulu
5 mL d'origan

Mélange tous les ingrédients et place-les dans un contenant hermétique.

Super sel

*À saupoudrer sur le maïs éclaté, les légumes,
les ragoûts ou les soupes.*

IL TE FAUT :
45 mL d'oignon haché déshydraté
22 mL de poudre chili
5 mL de sel
10 mL de fécule de maïs
10 mL de piments broyés
10 mL d'ail haché déshydraté
10 mL de cumin moulu
5 mL d'origan

Mélange tous les ingrédients et mets-les dans un contenant hermétique muni d'un bouchon saupoudreur.

EMBALLAGE

♥ Dispose quelques mélanges d'épices dans un petit panier.

♥ Place deux petits contenants bout à bout et enveloppe-les dans de la cellophane ou du papier. Attache les extrémités du rouleau avec du ruban et décore avec des autocollants.

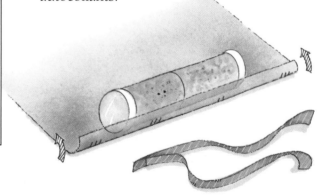

Muffins à l'avoine

Donne une touche personnelle à ces muffins en y ajoutant les fruits favoris de ton ami.

IL TE FAUT :

250 mL de flocons d'avoine
à cuisson rapide (pas instantanée)

250 mL de lait

1 œuf

50 mL d'huile végétale

250 mL de farine tout usage

125 mL de cassonade légèrement tassée

15 mL de poudre à pâte

2 mL de sel

Deux bols à mélanger
(un grand et un moyen),
une cuillère en bois, une cuillère à soupe,
un moule à muffins
garni de moules en papier,
une grille de refroidissement.

1 Préchauffe le four à 220 °C.

2 Mélange les flocons d'avoine et le lait dans le grand bol. Laisse reposer pendant 15 minutes.

3 Ajoute l'œuf et l'huile, et remue bien.

4 Mélange le reste des ingrédients dans l'autre bol, puis ajoute au mélange de flocons d'avoine. Remue juste assez pour humecter.

5 Remplis les moules à muffins aux deux tiers. Fais cuire pendant 20 à 25 minutes, jusqu'à ce que les muffins soient dorés.

6 Laisse refroidir pendant 10 minutes, puis retire les muffins du moule et place-les sur la grille pour qu'ils refroidissent complètement.

Se conservent jusqu'à une semaine dans un contenant hermétique à la température de la pièce, et jusqu'à deux mois au congélateur.

Donne environ 12 muffins.

EMBALLAGE

♥ Tapisse un pot à fleurs propre avec de la pellicule plastique ou du cellophane et remplis-le de muffins. Attache les coins du cellophane avec un ruban. Si tu le désires, peins et décore le pot avant de le remplir.

Pain aux raisins

Ce pain est parfait pour les personnes allergiques aux œufs ou aux produits laitiers.

IL TE FAUT :

300 mL d'eau

250 mL de cassonade légèrement tassée

250 mL de raisins secs

125 mL de graisse végétale

5 mL de cannelle moulue

2 mL de toute-épice moulue

2 mL de muscade moulue

500 mL de farine tout usage

5 mL de bicarbonate de soude

5 mL de poudre à pâte

2 mL de sel

Une casserole moyenne,
une cuillère en bois, un tamis,
un moule à pain tapissé
de papier d'aluminium,
une grille de refroidissement.

1 Préchauffe le four à 180 °C.

2 Mélange l'eau, la cassonade, les raisins secs, la graisse végétale et les épices dans la casserole. Avec l'aide d'un adulte, amène à ébullition sur feu modéré. Laisse bouillir pendant 5 minutes.

3 Mets au réfrigérateur pendant environ 30 minutes, jusqu'à ce que le mélange soit à la température de la pièce.

4 Tamise le reste des ingrédients et ajoute au premier mélange en remuant.

5 Verse la pâte dans le moule et fais cuire pendant 45 à 50 minutes, jusqu'à ce que le pain soit ferme.

6 Laisse refroidir pendant 30 minutes, puis retire le pain du moule et place-le sur la grille pour qu'il refroidisse complètement.

Recouvert de pellicule plastique et de papier d'aluminium, ce pain se conserve jusqu'à une semaine à la température de la pièce, et jusqu'à deux mois au congélateur.

Donne un pain.

EMBALLAGE

❤ Place le pain au centre d'une serviette de table. Réunis les coins de la serviette et attache-les avec un élastique que tu couvriras d'un ruban noué.

Mélange à muffins

Cette préparation est suffisante pour 4 douzaines de muffins. Divise-la en deux et offre-la à deux amis!

IL TE FAUT :

1,25 L de farine tout usage

375 mL de sucre blanc

250 mL de farine de blé entier

250 mL de lait en poudre

50 mL de poudre à pâte

15 mL de cannelle moulue

5 mL de sel

2 mL de clous de girofle moulus

Deux grands bols à mélanger, une fourchette, un tamis.

1 Mélange tous les ingrédients à la fourchette, dans un bol.

2 Sers-toi de l'autre bol pour tamiser le mélange à deux reprises.

Se conserve jusqu'à un mois dans des contenants hermétiques à la température de la pièce.

Donne 2 L de pâte.

Copie la recette suivante sur du papier de couleur pour accompagner le mélange.

1. Préchauffe le four à 200 °C. Tapisse le moule à muffins avec des moules en papier.

2. Combine 500 mL de ce mélange, 150 mL d'eau, 1 œuf légèrement battu et 50 mL d'huile végétale. Remue jusqu'à ce que les ingrédients secs soient humectés. Si tu le désires, tu peux ajouter 125 mL de raisins secs, de dattes, de noix hachées ou de pépites de chocolat.

3. Remplis les moules à moitié. Fais cuire pendant 10 à 15 minutes. Laisse refroidir pendant 10 minutes, puis retire les muffins du moule et dépose-les sur une grille pour les laisser refroidir complètement.

Donne 12 muffins.

EMBALLAGE

♥ Fabrique un tablier pour tes pots.

1. Dessine un tablier aux mesures de ton pot sur du papier brouillon, puis découpe-le.

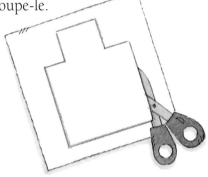

2. Perce deux trous près du haut et deux trous à la « taille » du tablier. Noue une ficelle à chaque trou.

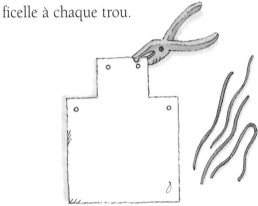

3. Attache soigneusement ce patron au pot. Agrandis ou rapetisse le patron si nécessaire.

4. Quand ton patron te convient, utilise-le pour découper un tablier dans du feutre ou du papier de couleur.

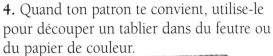

5. Ajoute une poche au tablier pour y glisser la recette. Attache le tablier au pot avec des rubans. Tu peux aussi peindre le couvercle du pot.

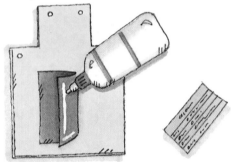

♥ Pour donner une touche originale à ton cadeau, ajoutes-y un ustensile (un ensemble de cuillères à mesurer, par exemple) ou encore un sac de raisins secs, de noix ou de pépites de chocolat.

♥ Si tu veux expédier ce cadeau à un ami qui habite loin, place le mélange dans un sac en plastique refermable.

La moutarde, l'huile et le vinaigre aromatisés sont tout indiqués pour ceux qui aiment concocter des repas gastronomiques. (Évite de les expédier à quelqu'un qui habite loin, car les bouteilles risquent de se briser pendant le transport.)

Huile à pizza

Pour relever le goût des pizzas.

IL TE FAUT :
4 gousses d'ail coupées en deux
6 piments rouges séchés
1 brin de thym
1 brin de romarin
15 mL de poivre en grains
500 mL d'huile d'olive

Enfile les gousses d'ail sur une brochette de bambou. Place la brochette et le reste des assaisonnements dans une bouteille munie d'un bouchon. Verse l'huile et ferme le bouchon. Range dans un endroit frais et sombre environ une semaine avant d'offrir.

Huile aromatisée au thym

Offre cette huile à une personne qui aime préparer ses propres vinaigrettes.

IL TE FAUT :
2 brins de thym
de l'huile d'olive
(assez pour remplir une bouteille)

Place le thym dans une bouteille munie d'un bouchon. Verse l'huile d'olive presque jusqu'au bord. Ferme le bouchon. Range dans un endroit frais et sombre pendant 10 jours avant d'offrir.

Vinaigre aux framboises

Idéal pour les salades vertes aux fruits.

IL TE FAUT :
500 mL de framboises
1 L de vinaigre blanc

Réserve 8 framboises. Fais chauffer le reste des framboises et le vinaigre dans une grande casserole sur feu doux pendant 15 minutes, sans toutefois laisser bouillir. Pendant ce temps, remplis une bouteille munie d'un bouchon avec de l'eau chaude.

Quand le vinaigre est chaud, vide la bouteille, filtre le vinaigre dans un grand pot gradué, puis verse-le dans la bouteille. Ajoute les 8 framboises et ferme le bouchon. Range dans un endroit frais et sombre pendant une semaine avant d'offrir.

AUTRES IDÉES

♥ Pour obtenir du vinaigre aux herbes, verse du vinaigre chaud dans une bouteille contenant quelques brins d'une herbe fraîche comme du thym ou du romarin. Range dans un endroit frais et sombre pendant une ou deux semaines, puis filtre le liquide et ajoute des brins frais avant d'offrir.

Moutarde au miel

Sucrée, épicée, raffinée!

IL TE FAUT :
125 mL de moutarde sèche
50 mL de miel liquide
25 mL de cassonade légèrement tassée
25 mL de vinaigre de vin rouge ou blanc
1 mL de clous de girofle moulus
1 mL de sel

Combine tous les ingrédients dans un bol et remue bien avec une fourchette jusqu'à ce que le mélange soit lisse. Range dans un pot que tu placeras au réfrigérateur au moins une journée avant d'offrir (cette moutarde doit être conservée au frigo).

EMBALLAGE

♥ Fais des dessins sur le pot avec de la peinture à tissu en tube. Tu peux aussi ajouter une étiquette donnant la liste des ingrédients.

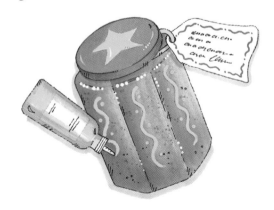

Menthes veloutées

Un cadeau pour toutes les occasions!

IL TE FAUT :

500 mL de sucre à glacer

60 g de fromage à la crème ramolli

24 gouttes d'aromatisant à la menthe

12 gouttes de colorant alimentaire vert

24 petits bonbons (facultatif)

Un grand bol à mélanger,
du papier ciré,
un rouleau à pâtisserie,
de petits emporte-pièce.

1 Mets le sucre à glacer et le fromage à la crème dans le bol, puis mélange avec tes mains jusqu'à l'obtention d'une pâte homogène.

2 Incorpore l'aromatisant à la pâte.

3 Ajoute le colorant en pétrissant.

4 Place la pâte entre deux feuilles de papier ciré et abaisse-la avec le rouleau à pâtisserie jusqu'à ce qu'elle ait 1 cm d'épaisseur.

5 Découpe la pâte avec les emporte-pièce. Décore chaque menthe avec un petit bonbon si tu le désires.

Place dans un contenant hermétique en intercalant du papier ciré entre chaque couche. Se conserve jusqu'à deux semaines au réfrigérateur (rédige une note informant ton ami de garder les menthes au frigo).

Donne 24 menthes.

EMBALLAGE

♥ Peins ou teins une boîte en carton ou en bois et décore-la en y collant des galons de tissu ou d'autres garnitures. Applique un peu de colle aux extrémités des galons pour les empêcher de s'effilocher.

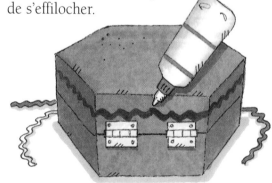

Fraises en sucre

Apporte cette gâterie estivale au chalet ou au camp de vacances pour l'offrir à tes amis.

IL TE FAUT :

1 paquet de 170 g de poudre pour gelée à saveur de fraise

500 mL de noix de coco râpée

175 mL de lait concentré sucré

16 gouttes de colorant alimentaire vert

25 mL d'amandes mondées effilées

50 mL de sucre coloré rouge

Un grand bol à mélanger,
une cuillère en bois,
de la pellicule plastique,
une assiette de verre (ou tout autre
matériau imperméable au colorant),
une fourchette, du papier ciré,
une petite cuillère.

1 Mélange la poudre pour gelée et la noix de coco dans le bol. Ajoute le lait et remue bien.

2 Couvre la pâte avec de la pellicule plastique et mets au réfrigérateur pendant 1 heure.

3 Pendant ce temps, verse le colorant sur l'assiette, puis ajoute les amandes. Remue-les avec une fourchette jusqu'à ce qu'elles soient vert foncé, puis place-les sur du papier ciré pour les laisser sécher.

4 Prends une petite cuillerée de pâte et façonne-la entre tes doigts pour former une fraise. Saupoudre le sucre sur du papier ciré et roules-y la fraise. Fais de même avec le reste de la pâte.

5 Enfonce deux amandes dans l'extrémité aplatie de chaque fraise pour représenter les feuilles.

Place dans un contenant hermétique en intercalant du papier ciré entre chaque couche. Se conserve jusqu'à une semaine à la température de la pièce, et jusqu'à deux semaines au réfrigérateur.

Donne 3 douzaines de fraises.

EMBALLAGE

♥ Faufile du ruban dans les interstices d'un casseau de fraises en plastique. Enveloppe les fraises dans de la cellophane et agrémente d'un ruban.

Chocolat chaud

Cette boisson parfumée et apaisante est idéale pour les journées d'hiver.

IL TE FAUT :

500 mL de lait en poudre

175 mL de sucre blanc

125 mL de colorant à café en poudre

125 mL de cacao

Deux grands bols à mesurer, un tamis, une cuillère en bois.

1 Tamise tous les ingrédients dans un des bols et remue bien.

2 Tamise de nouveau dans l'autre bol.

Se conserve jusqu'à deux mois dans un contenant hermétique à la température de la pièce.

Donne environ 925 mL

Copie cette recette sur du papier coloré pour accompagner la préparation.

> Pour faire une tasse de chocolat chaud, mets 75 mL de ce mélange dans une grande tasse, ajoute 250 mL d'eau bouillante et remue bien.

AUTRES IDÉES

♥ Ajoute 15 mL de cannelle moulue tamisée au mélange pour un chocolat chaud plus épicé.

♥ Ajoute 250 mL de guimauves miniatures.

EMBALLAGE

♥ Place le mélange dans un sac de cellophane et glisse-le dans une grande tasse. Décore avec des rubans et d'autres ornements.

Thé à l'orange

Un arôme sucré et épicé

IL TE FAUT :

325 mL de cristaux de jus d'orange

250 mL de thé instantané

10 mL de cannelle moulue

5 mL de clous de girofle moulus

Deux grands bols à mélanger,
un tamis,
une cuillère en bois

1 Tamise tous les ingrédients dans un bol et remue bien.

2 Tamise de nouveau dans l'autre bol.

Se conserve jusqu'à deux mois dans un contenant hermétique à la température de la pièce.

Donne environ 575 mL.

Copie cette recette sur du papier coloré pour accompagner la préparation.

> Pour faire une tasse de thé, mets 22 mL de ce mélange dans une grande tasse, ajoute 250 mL d'eau bouillante et remue bien.

EMBALLAGE

♥ Mets le mélange à thé dans un pot. Découpe un cercle de tissu (sers-toi de ciseaux à denteler pour éviter que le tissu ne s'effiloche) ou de papier coloré dont le diamètre a 10 cm de plus que celui du couvercle du pot. Visse le couvercle, puis recouvre-le avec le cercle de tissu ou de papier que tu feras tenir en place avec un élastique. Recouvre l'élastique avec un ruban.

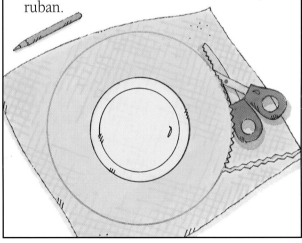

Bretzels chocolatés

1 Trempe le bout d'un bretzel en bâton dans du chocolat blanc, noir ou au lait fondu (voir p. 5).

2 Place le bretzel debout dans un verre, la partie chocolatée vers le haut, pendant environ 10 minutes (jusqu'à ce que le chocolat commence à durcir). Roule ensuite le bretzel dans des bonbons multicolores, des pépites de chocolat, des noix ou des cannes en sucre émiettées. Replace-le dans le verre jusqu'à ce que le chocolat ait complètement durci.

3 Répète ces opérations avec autant de bretzels que tu le désires. Enveloppe chacun séparément dans du papier ciré.

AUTRES IDÉES

❤ Utilise des cannes ou des bâtonnets en sucre au lieu des bretzels.

Cuillères chocolatées

1 Trempe une cuillère de plastique dans du chocolat fondu (voir p. 5). Assure-toi que la partie creuse de la cuillère est complètement recouverte.

2 Place la cuillère debout dans un verre, la partie chocolatée vers le haut, pendant environ 1 heure (ou 30 minutes au réfrigérateur), jusqu'à ce que le chocolat ait durci.

Enveloppe une douzaine de cuillères enrobées (certaines au chocolat au lait, d'autres au chocolat noir ou blanc) et dispose-les dans une tasse avec un sachet de mélange à chocolat chaud (p. 34).

AUTRES IDÉES

❤ Trempe des abricots, des ananas, des dattes ou d'autres fruits séchés dans du chocolat fondu (voir p. 5). Dépose les fruits sur du papier ciré jusqu'à ce que le chocolat ait durci.

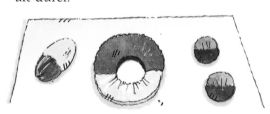

Cannes déguisées

1 Colle de petits yeux mobiles en
   plastique, un nez en
pompon et un foulard en
feutre sur des cannes en
sucre encore emballées.

2 Tortille un cure-pipes
   autour de la
partie recourbée de la
canne pour
représenter
les bois
du
renne.

AUTRES IDÉES

♥ Fabrique tout un attelage de rennes.
Choisis un pompon rouge pour le petit
renne au nez rouge. Ajoute des oreilles de
feutre et fais un foulard différent pour
chaque renne.

Couronne de clémentines

1 Découpe un morceau de cellophane
   transparent d'environ 142 cm x 30 cm.

2 Dispose 10 clémentines au centre de
   la cellophane, en plaçant la première
à environ 23 cm d'une extrémité et en
laissant 5 cm entre chacune (la dernière
devrait se trouver à 23 cm de l'autre
extrémité). Enroule-les dans la cellophane.

3 Noue un ruban entre chaque
   clémentine et à chaque bout.

4 Attache les deux extrémités ensemble
   en nouant une grosse boucle.

Emballages emballants

Que tu destines ton présent à un voisin ou à un parent à l'autre bout du pays, il sera encore plus joli si tu le décores et l'emballes soigneusement. Tu trouveras des idées d'emballage et de décoration un peu partout dans ce livre. En voici d'autres, ainsi que des conseils pour que tes colis arrivent en bon état.

EMBALLAGE

♥ Recouvre un carton de lait ou un contenant à crème glacée propre avec du papier d'aluminium. Traces-y des dessins (rayures, lignes ondulées) avec de la colle blanche. Saupoudre de la poudre scintillante sur la colle humide, puis enlève le surplus en secouant.

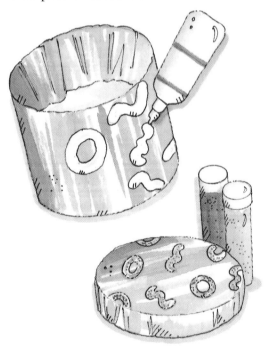

♥ Dissimule les inscriptions sur le couvercle d'un pot en les couvrant avec de la peinture opaque (au latex ou pour affiches). Tu peux aussi les masquer avec un gros autocollant ou plusieurs petits.

♥ Décore un contenant avec des timbres. Enlève les timbres des enveloppes en les faisant tremper, puis laisse-les sécher pendant quelques heures entre des essuie-tout sur lesquels tu poseras quelques gros livres. Colle les timbres sur ton contenant. Si tu n'as pas assez de timbres, couvre d'abord ton contenant avec du papier coloré ou peins-le avec de la peinture au latex ou pour affiches.

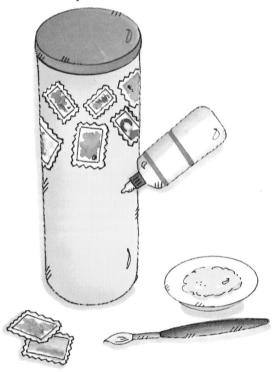

ÉTIQUETTES

♥ Si tu as accès à un ordinateur, tu peux concevoir des cartes et des étiquettes en te servant d'images graphiques prédessinées. Imprime ces images en noir et blanc, puis colore-les.

♥ Place un emporte-pièce sur du carton mince ou du papier de construction et trace son contour avec un crayon. Découpe cette forme et perces-y un trou pour y passer un ruban.

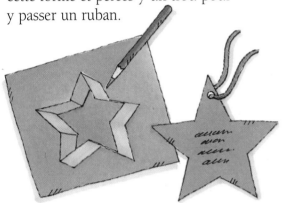

♥ Découpe des étiquettes dans du papier cannelé. Décore une des faces et écris sur l'autre.

♥ Choisis du papier d'emballage ou des cartes dont les illustrations te plaisent. Découpe ces images et colle-les sur de grandes étiquettes unies.

DÉCORATION

♥ Si ton cadeau est emballé dans une boîte de métal, place des aimants de réfrigérateur sur le côté de la boîte.

♥ Attache ton paquet avec des lacets fluo, des rubans pour les cheveux ou de la réglisse en ficelle.

♥ Peins l'extérieur d'une tasse avec de la peinture émail brillante.

♥ Copie la recette qui accompagne le cadeau sur une fiche de recette ou une feuille de papier roulée comme un parchemin.

♥ Utilise un pochoir ou un tampon encreur pour décorer des sacs en papier uni.

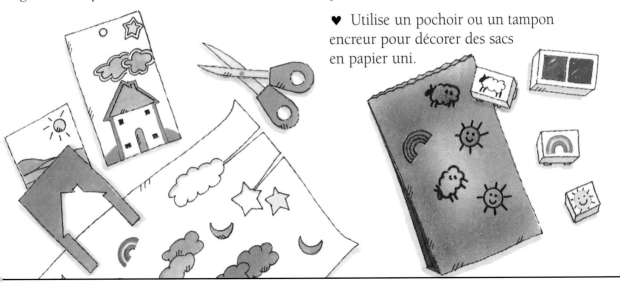

ENVOIE-LES

♥ Dispose les chocolats et les petites friandises dans des moules en papier individuels ou isole-les au moyen de séparateurs en carton ondulé. Sépare les couches par un carton et deux feuilles de papier ciré. Intercale des feuilles de papier ciré entre les couches de biscuits.

♥ Assure-toi que le contenu ne peut se déplacer dans le paquet en y ajoutant du papier journal, des billes en mousse expansée, du papier de soie, du film à bulles ou même du maïs éclaté. Mets les billes de mousse et le papier effiloché dans de petits sacs de plastique pour faciliter le déballage.

♥ N'essaie pas de faire entrer un cadeau dans une boîte trop petite. Ton présent a plus de chances de rester en bon état s'il est emballé dans une boîte légèrement plus grande bourrée avec des produits d'emballage.

♥ Place une étiquette indiquant l'adresse de l'expéditeur et du destinataire à l'intérieur du paquet au cas où l'emballage extérieur s'endommagerait.

♥ Ferme bien le colis au moyen de ruban adhésif solide.

♥ Inscris lisiblement l'adresse du destinataire et celle de l'expéditeur, puis couvre-les avec du ruban adhésif transparent pour que l'encre ne s'altère pas.

♥ Tu peux expédier par la poste des cadeaux incassables, comme les assaisonnements et les mélanges à biscuits ou à muffins dans des sacs en plastique refermables, en les glissant dans des enveloppes matelassées.

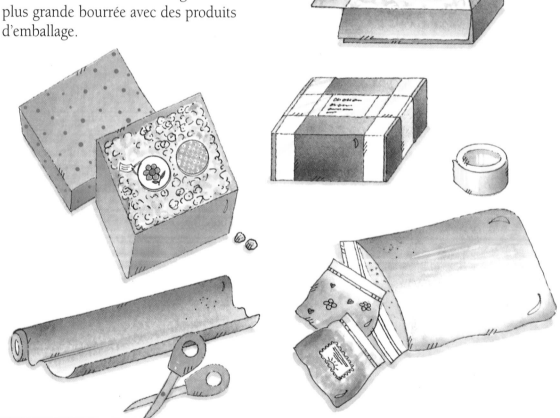